AF257779

MÉMOIRE

SUR LA PÉNURIE

DES FINANCES

MÉMOIRE

SUR LA PÉNURIE

DES FINANCES,

PAR UN ANTI-FINANCIER.

Tout le monde se plaint de l'agiotage, &
tout le monde le fait.

A ROUEN,

De l'Imp. de la Société Typographique,
rue des Champs-Maillets, n°. 23, an 4°.

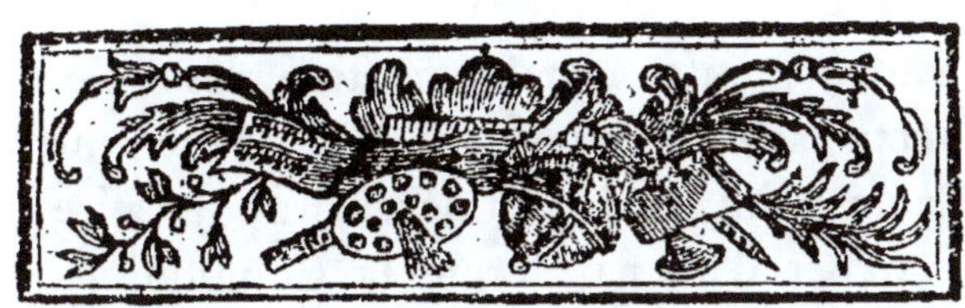

MÉMOIRE
SUR LA PÉNURIE
DES FINANCES.

LA République est agitée par les déchi-
rements que lui font éprouver les Intrigants,
les Ambitieux & les Agioteurs; ceux-là sont
Royalistes, anti-Républicains & pis encore,
qui entravent la marche du Gouvernement.

L'homme probe, sensible, humain, ami
de l'ordre & des Loix, ne peut voir, sans
s'indigner, la ruine totale de la fortune publique.

Les hommes probes qui s'isolent, au lieu
de se réunir au Gouvernement, sont bien
répréhensibles. Ils disent: » que voulez-vous
» que nous fassions ? Nous avons l'ame
» comprimée par toutes les horreurs qui se

A 3

» font commifes par la réaction des diffé-
» rents partis ; & tant que le Gouvernement
» n'aura point la vigueur néceffaire pour faire
» marcher d'un pas ferme la Conftitution,
» nous ferons toujours en crainte. «

Ames pufillanimes ! c'eft votre tiédeur, votre inaction, votre apathie qui enhardit es Intrigants, les Ambitieux & les Agioteurs, affez pour entretenir l'anarchie & achever la ruine de la République.

De toutes parts on crie après l'agiotage, & les moyens que l'on propofe font illufoires pour arrêter les maux dont ce monftre eft la caufe ; tout le monde fe plaint de l'agiotage, & tout le monde le fait. Il y a plus : on eft forcé de le faire, pour fe fouftraire à la plus affreufe mifere. A quoi attribuer ce malheur ? A la nature des circonftances fans doute, mais auffi aux moyens que l'on a pris, & dont les effets font pires que le mal ; moyens dont on avoit ufé dans les mêmes circonftances & dont on a oublié les mauvais effets.

A l'époque de la création des affignats, au mois d'Avril 1790, il fut adreffé à l'Affem-blée conftituante un projet de caiffe natio-nale pour détruire l'agiotage.

Dans ce projet, on pofoit en principe,

qu'un gouvernement ne devoit jamais faire de papier-monnoie, parce que cette mesure n'a jamais pu obtenir de confiance; les faits suivant le prouvent.

Sous l'administration du régent, Law fit l'établissement d'une banque, au nom & pour le gouvernement; il mit en circulation des billets garantis par le gouvernement sur des valeurs idéalles. C'étoit un pur agiotage, auquel le gouvernement n'a pu rien gagner, & par lequel des individus ont vu leurs fortunes s'engloutir; les seuls agioteurs y ont fait leurs affaires. *Premiere preuve.*

La caisse d'escompte offre une preuve semblable pour la confiance. Tant qu'elle n'a fait de billets que pour son propre compte, elle a joui d'un crédit vierge; mais aussi-tôt qu'elle a eu prostitué son crédit au gouvernement, son papier a perdu. Cependant elle n'en a fait que pour 70 millions pour le compte du gouvernement; mais le public a été persuadé qu'elle en avoit fait pour 300 millions. *Seconde preuve,* qu'à du papier fait pour ou par le gouvernement, le public n'a nulle confiance.

L'assemblée constituante avoit, sans doute, pour garantie, en faisant des assignats, des biens réels & d'une valeur immense ; elle étoit donc autorisée à croire qu'elle pouvoit en émettre pour plusieurs milliarts. On est bien loin de blâmer la mesure qu'elle a prise, puisqu'elle a servi à faire marcher la révolution ; mais les ennemis de la révolution ont employé tous les moyens possible pour opérer leur discrédit, puis ils ont fait disparoître le numéraire. Cependant le crédit de l'assignat n'a pas perdu d'abord, il a éprouvé peu de perte jusqu'au mois de thermidor de l'an deuxieme. Depuis cette époque, le discrédit a augmenté en raison de son émission outrée.

D'un autre côté, la convention ayant décrété l'argent marchandise, la concurrence a été établie entre l'argent, les marchandises & l'assignat : alors l'assignat n'a pu que perdre. Les ennemis de la république ont profité de cette circonstance ; de maniere que plus le discrédit a augmenté, plus la convention s'est vue forcée d'émettre des assignats pour faire face à ses besoins.

Que conclure de cet exposé ? Que quand un gouvernement a le malheur de faire du papier auquel il donne cours de monnoie, le gouvernement ne pouvant forcer l'opinion, il est exposé à en faire plus que la circulation ne peut en supporter. Donc le discrédit

eſt inévitable. Alors tous les individus s'iſo-
lant du gouvernement, le gouvernement de-
vient la proie de l'Agioteur. Il n'y a donc
point de projet de finance qui puiſſe remédier
au mal exiſtant. Car ſi, pour faire diſparoître
30 milliarts, on offre au public des cédules
portant intérêt, ou d'autres papiers faits par le
gouvernement, on croit pouvoir prononcer
d'avance qu'on n'y réuſſira point ; au contraire,
on ne fera que donner de nouveaux moyens à
l'Agioteur pour pomper la fortune publique.
D'ailleurs, l'aſſignat eſt un engagement an-
térieur qui doit être préféré a tout engagement poſtérieur ; le principe eſt de toute
juſtice.

Il eût été à deſirer que les Légiſlateurs
euſſent décrété, comme loi conſtitutionnelle,
que la nation, dans aucune circonſtance, ne
pourroit créer du papier-monnoie , & que
nul individu ne pourroit non plus faire du
papier commercable, s'il n'avoit dépoſé ſon
billan & une patente qui lui permît d'en faire
relativement & proportionnellement à ſes
moyens à & l'étendue de ſes entrepriſes.

On ne manquera pas de dire ſur cette pro-
poſition : mais que deviendra la liberté ? La
liberté deviendra ce qu'elle doit être. Car ,

nul ne pouvant rien faire qui puiſſe nuire à
autrui, donc nul ne peut faire de papier qui
ait cours de monnoie, quoique non forcé,
ſans avoir conſtaté qu'il repréſente une valeur : autrement c'eſt un abus qui a compro-
mis la fortune d'une quantité de maiſons de
commerce. Cependant, ſi un marchand vouloit recevoir un billet dans la forme d'un
billet de commerce de la part d'un autre marchand, ou de tout autre, non conſtitué, ou pa-
tenté, la loi ne pourroit venir à ſon ſecours
pour forcer ſon débiteur à le payer.

Une République n'eſt autre choſe qu'une
grande famille ; d'après ce principe, toutes
les opérations des Légiſlateurs, ou délégués du
peuple, toutes les obligations qu'ils ont con-
tractées, l'ont donc été pour le bonheur de
la grande famille.

Sous ce rapport, les aſſignats ſont la choſe
de la grande famille, donc ils doivent avoir
pour garantie, non-ſeulement les biens nationaux, mais encore toutes les propriétés territoriales & induſtrielles. Ceci poſé, ils
n'auroient point dû tomber en diſcrédit ;
on ne peut s'en prendre qu'à ceux qui n'ai-
ment point la révolution & ne veulent point
de la République : ils y ont trouvé le dou-

ble avantage, en la ruinant, de faire leur fortune.

Ceux qui, au contraire, ont aimé la République, n'ont rien gagné; au contraire, ils ont tout perdu, & souffrent encore toutes les privations. Si donc les assignats se rembour-soient suivant leur valeur nominale, les Contre-révolutionnaires, les Agioteurs, c'est la même chose, auroient tout gagné: il est donc juste de ne rembourser l'assignat qu'au cours qu'ils leur ont donné. Il est vrai que cette mesure n'indemnisera pas les perdants, mais ils auront beaucoup gagné, quand on aura fait cesser le mal que la perte journaliere leur fait éprouver.

Le moyen le plus avantageux à la République & le plus prompt pour retirer de la circulation la totalité des assignats, c'est donc de mettre en vente, sans différer, pour un milliart de biens nationaux, sur la valeur qu'ils avoient en 1790. Le Conseil des Cinq-Cents paroît avoir adopté cette mesure, & c'est la seule. Mais de quelle maniere doit-on les vendre? Par petites portions. Et avec quoi les paiera-t-on? On va le dire un peu plus bas; car il n'est pas possible, il est dangereux même de faire payer cette vente en numéraire. Il faut que les Républicains fachent s'en paffer ; ils y font déjà accoutumés. Au fur-plus, ils ne fe font point illufion fur les caufes qui l'ont fait difparoître, & doivent craindre que fi on en faifoit reffortir & circuler, il ne difparût auffi-tôt. Rien de plus facile, fi l'on veut adopter le plan que l'on va propofer. On peut affurer d'avance qu'il eft le feul qui puiffe remédier aux maux exiftants, & le feul qui puiffe être avantageux à la République & aux particuliers, & d'un intérêt tel que l'Agioteur ne pourra le déprécier, & qu'il pourra en même-temps donner au Gouvernement tout le nerf dont il a befoin, par des valeurs réelles & un produit affuré. Voilà le problême à réfoudre.

Expofition du plan & de fes avantages.

Quand l'Affemblée conftituante décréta la fabrication d'affignats, elle dut vouloir qu'un affignat repréfentât une valeur réelle d'une portion d'arpent ou de domaine comme aliéné ; mais cela n'a pu produire cette idée, puifqu'il ne défignoit ancune portion cédée. La Nation donnoit donc une valeur illufoire, puifqu'elle gardoit le gage dans fa main. Delà

le défaut de confiance dans la valeur de l'affignat, puifque l'émiffion des affignats n'étoit
point le produit de la vente des biens, mais
une émiffion de fommes arbitraires ; défaut qui
devoit amener fon difcrédit & contraindre la fabrication des affignats au-delà des biens à vendre.

Si, au contraire, l'Affemblée conftituante
eût décrété la vente des biens nationaux à fur
& mefure du befoin ; fi elle eût décrété que
les acquéreurs feroient, fous la furveillance
du Gouvernement, des affignats de la fomme
de leur acquifition, il n'en eût point été fait
au-delà des biens vendus. Ces affignats euffent
donc repréfenté réellement la valeur d'un arpent, d'un domaine vendu, & un contrat de
vente hypothéqué non - feulement fur les
biens vendus, mais on auroit eu encore la
propriété de l'acquéreur pour garantie, & il
en fût réfulté cet avantage que n'ont point
eu les affignats.

1o. Que l'affignat auroit eu une valeur réelle,
puifqu'il auroit repréfenté un contrat d'acquifition & une obligation de payer à terme fixe.

2o. Que l'affignat n'auroit pu être contre-
fait par le nombre de fignatures dont il auroit été revêtu.

3°. Qu'étant fait pour le terme d'une année,

il auroit payé l'intérêt de 3 pour 100 d'avance.

4o. Qu'il auroit été soumis à un droit d'un pour cent d'enregistrement, ce qui auroit indemnisé des frais de leur fabrication.

5o. Qu'au bout de l'an l'acquéreur, ou se seroit libéré, ou auroit renouvellé partie ou la totalité de son acquisition par un nouvel assignat, en payant toujours d'avance trois pour cent & un pour cent de frais d'enregistrement.

6o. Que les intérêts & frais d'enregistrement ne se paieroient qu'avec de petits assignats au-dessous de 100 liv. ce seroit le moyen de les retirer de la circulation sans les faire disparoître tout-à-coup, & prolonger leur utilité au commerce pour le paiement des petites sommes de détail.

En supposant que l'on ne vendît que pour un milliart de biens nationaux en deux ou trois mois, le Gouvernement auroit un milliart de valeurs réelles, puisqu'elles seroient garanties par chaque acquéreur pour la portion relative à son acquisition. Le Gouvernement pourroit alors retirer avec trente millions les trente milliarts d'assignats au cours du jour, & peut-être avec moins, puisqu'il se trouve réduit à zéro. Il faut le dire: il n'est plus temps de dissimuler.

L'intérêt payé d'avance à trois pour cent donnant trente millions, fuffiroit pour retirer de la circulation les trente milliarts, & le milliart de la vente des biens nationaux refteroit intact pour faire face aux dépenfes extraordinaires.

Plus, les dix millions provenant du droit d'enregiftrement feroient face aux frais de cette adminiftration.

Tout homme honnête adoptera ce plan; tout Anarchifte & Agioteur le combattra, parce qu'il n'offre rien à la malveillance ni à l'agiotage.

C'en eft affez pour mettre tout homme, voulant le bien, à même de juger de l'avantage de ce plan. Il eft fufceptible d'un plus grand développement; mais il ne peut être confié qu'au Gouvernement pour fon régime.

Mais fi le Gouvernement vouloit tirer un plus grand parti de ce fyftême pour régénérer les mœurs, (car fans mœurs point de République) détruire l'agiotage dans fa racine & fe faire un produit immenfe, il lui feroit aifé d'atteindre ce but.

Comme la Nation feule a le droit de faire battre monnoie, au titre relatif aux échanges

avec l'étranger, elle ne doit point avoir pour
concurrents les particuliers qui, s'ils ne bat-
tent point monnoie métallique, font du papier qui a cours pour remplacer le numéraire , & avec lequel ils font des bénéfices
confidérables par des agiots qui rendent les
marchandifes plus cheres. Voilà une des caufes
qui a fait plus de mal aux Gouvernements ,
en ce qu'elle facilite l'agiot , qu'elle met à l'abri
la fortune des Commerçants, Négociants &
gros Capitaliftes , & qu'elle leur évite d'être
compris dans la claffe des contribuables, à
raifon de leurs capitaux , de leurs bénéfices
& de leurs richeffes : le moyen de les atteindre
eft énoncé plus haut.

Mais tous ces moyens ne font rien fans de bon-
nes loix & fur-tout fans leur exécution ; ce font
elles qui doivent former aux mœurs un peuple
libre ; car un homme n'eft pas frippon pour le
plaifir de l'être, il ne l'eft que par intérêt : fi
donc les loix lui permettent de faire des actes de
fa feule volonté , en fuivant un ufage établi depuis long-temps , fans furveillance quelconque ,
il en ufe comme bon lui femble , en s'affociant
des hommes de fa trempe pour faire du papier
& agioter.

Le feul moyen donc de réformer les mœurs
&

& de détruire l'agiotage, feroit de faire une
Loi qui détermine le mode pour faire du papier qui ait cours, & qui établiffe les conditions pour obtenir la faculté d'en faire : alors
l'homme aura intérêt à avoir des mœurs & à
être honnête.

Ces conditions feroient, 1°. qu'il fût marié,
s'il étoit d'âge à l'être, ou qu'il eût été marié,
2°. qu'il fût bon mari, bon pere, bon ami,
humain & bon citoyen, qu'il pût prouver
fon attachement à la République, par l'exécution ftricte des Loix ; mais s'il avoit fait l'a-
giot, banqueroute, &c. il feroit exclu du
bénéfice de la Loi *de plano*. Voilà les principes.
Les moyens d'exécution font l'objet de plus
d'une méditation, mais elle n'embarraffe point
l'Auteur.

Cet efquiffe d'un plan vafte, mais fimple
à concevoir affurément, ne fera pas du goût
de tout le monde, car il ne plaira pas aux Agioteurs : mais il aura peut-être plus de partifans
qu'on ne fe l'imagine. S'il en étoit ainfi, on
diroit : tant mieux, cela prouve qu'il exifte
encore des hommes vertueux dans la Répu-

B

blique, & l'on en concluroit que tout n'eft pas perdu.

Si on vouloit de plus grands développe-ments, on pourroit confulter un petit Ouvrage fur l'établiffement d'une Caiffe nationale, par le même Auteur, publié en Avril 1790, & imprimé chez Pottier-Delifle, à Paris.

Les mefures propofées ci-deffus pour reftau-rer les finances, doivent fans doute contribuer à un ordre de chofes : car la finance eft le nerf & le reffort puiffant de tout gouvernement : mais ce but fi defiré fera imparfait, fi on n'éta-blit pas un mode qui affure d'une maniere relative aux befoins le prix de la journée de tout individu qui ne vit que de fon induftrie, qui n'a d'autres propriétés que fes bras ; car on doit être pénétré de cette vérité, que c'eft à fon exiftence phyfique & politique qu'eft fpécialement attachée la profpérité des gou-vernements, comme il eft démontré que c'eft l'inftrument dont on fe fert pour les détruire.

Le Gouvernement de la République fran-çaife doit donc faire tous fes efforts, comme l paroît le defirer par les moyens qu'il emploie ; pour venir au secours de cette classe d'hommes utiles par leur activité : aussi est-ce pour seconder les vues bienfaisantes du Gouvernement que l'Auteur s'empresse , malgré ses occupations & un état douloureux de maladie momentanée , de mettre sous ses yeux des principes de justice dont il a été pénétré dans tous les temps de sa vie , mais qu'il ne pouvoit ni développer , ni proposer à un Gouvernement corrompu.

La subversion des principes amene la subversion de l'ordre : donc tant que l'argent servira de base pour déterminer le prix des productions de la terre, comme celui de la main-d'œuvre & de l'industrie, ceux qui le possedent, s'empareront toujours de tout ; & par la loi du besoin , & à l'aide de la cherté des objets de premiere nécessité, ils tiendront sous leur despotisme tous les hommes industrieux & laborieux : l'argent ne doit donc pas être le thermometre de la valeur des choses ; ce doit être le bled. Aussi , dans tous les Gouvernements , la valeur de cette denrée est-elle sous la surveillance de la Police qui en fixe le prix, & c'est ce prix du bled qui donne naturellement celui de tous les objets ; ainsi que de la main- d'œuvre. Depuis que la Convention a abrogé la Loi qui fixoit le prix de cette denrée, la cupidité s'est emparée de ceux qui la poſſedent ; auſſi uſent-ils en brigands de la liberté de la vendre à prix défendu. Il n'y a d'autre moyen d'arrêter la cupidité des gens à argent qui commercent ou plutôt agiotent, en même-temps que celle des gros cultivateurs qui ne veulent s'en deſſaiſir qu'à des prix énormes, que de fixer la journée de travail à dix livres de bled pour le moindre ouvrier. Cela paroîtra peut-être un paradoxe à quelques perſonnes, tandis que ce ſera pour d'autres un principe.

Voici donc une queſtion à réſoudre ; & c'eſt ce qui ne ſera pas difficile, ſi on veut être de bonne foi.

De 1740 à 1750, le prix du pain étoit de 15 à 18 deniers ; la journée du manœuvre étoit de 15 à 18 ſols, ce qui repréſentoit douze livres de pain ; la viande étoit à 4 ou 5 ſols ; le vin à 3 ou 4 ſols la bouteille ; le cidre à un ſol le pot ; le beurre à 5 ſols. Mais lorſque le pain a été à 2 ſols la livre, la journée de l'ouvrier a été payée 20 & 24 fols : toujours même proportion, & toutes les marchandifes augmentoient ou diminuoient dans le même rapport que celui du pain. Auffi de 1740 à 1750, un Commis employé dans les Adminiftrations du premier ordre , avec des appointements de 1,000 à 1,200 liv. étoit dans l'aifance.

Mais aujourd'hui tout n'augmente pas dans une proportion relative : les chofes ont bien changé depuis ce temps. C'eft donc une néceffité de prendre pour bafe du prix de la journée, non-feulement la valeur de dix livres de bled pour le prix de la journée du manœuvre , mais encore de 10 à 15 liv. , de vingt à trente livres, de trente à quarante-cinq liv. pour celle de la journée de l'ouvrier, fuivant qu'il eft plus ou moins inftruit ; mais de fuivre auffi la même proportion pour tous les commis ou employés dans les Adminiftrations, falariés par la République, ou par les particuliers. Il faut que l'ouvrier trouve dans le prix de la journée, non feulement le pain , la viande & la boiffon pour fa fubfiftance pendant fes jours de travail , mais encore pendant

les jours où il eſt obligé de chaumer ; il
doit y trouver de quoi ſubvenir à des frais
de maladie, aux dépenſes de logement, d'en-
tretient, de chauffage & lumiere ; en un mot,
tous ſes beſoins. Juſqu'à préſent les y a-t-il
trouvés ? Non : car faute de ce mode, il a,
pendant des années entieres, ſupporté le
renchériſſement des denrées, ſans avoir vu augmenter ſon ſalaire, ou ſeulement dans une proportion infiniment au-deſſous de ſes beſoins. Il
ſeroit aiſé de faire un état des différentes claſſes
d'ouvriers, & du ſalaire qui leur ſeroit dû,
d'après cette baſe. Ce mode auroit un double
avantage, celui de fixer ſur une baſe inva-
riable le prix des journées d'ouvriers ; le
bled étant le vrai modérateur de toutes les
marchandiſes, doit ſervir à établir le prix de la
main-d'œuvre pour tous les points de la République, eu égard au plus ou moins de
cherté du bled ; car on ſait que le prix de cette
denrée n'eſt pas le même dans tous les dé-
partements.

Un troiſieme avantage qui réſulteroit de
ce mode, ſeroit de faire ceſſer toutes diſcuſ-
ſions entre l'ouvrier & celui qui l'emploie-
roit : l'homme, que le beſoin preſſe, eſt forcé

de travailler ; & l'homme aifé profite de fa
pénurie pour lui donner le moins qu'il peut
Un entrepreneur fpécule fes bénéfices fur le
moins qu'il donnera à l'ouvrier. S'il y a peu
de travaux ou peu de concurrents d'entre-
prife, alors il vexe l'ouvrier ; s'il y a beaucoup de travaux, l'ouvrier vexe l'entrepreneur, & toujours fur le prix de la journée :
la dupe de cette lutte, c'eft l'ouvrier qui,
prefque toûjours, perd fon falaire.

Qu'une Loi fixe le prix de la journée de
tel ou tel ouvrier à 10, 20 ou 25 livres de
bled, relativement à l'intelligence de l'ouvrier, & qu'un ouvrier foit détourné de fon
ouvrage pour quelques heures, par un homme
riche qui le mandera, fous le prétexte de
conférer avec lui, & par l'efpoir ou de l'em-
ployer ou d'en tirer quelque connoiffance, il
aura droit de prétendre à tant de livres de
bled, à raifon du temps durant lequel il aura
été détourné, pour l'indemnifer de ce qui
lui fera retenu pour fon abfence de l'attelier
où il travaille : alors l'homme riche y regar-
dera à deux fois, pour faire aller & venir un
ouvrier fans le payer.

A 4

Si ce mode eſt avantageux à l'ouvrier, il ne le ſera pas moins aux entrepreneurs, que les ouvriers dans de certaines circonſtances rançonnent, ou auxquels ils font manquer leurs entrepriſes, en cabalant pour obtenir une paie plus forte.

Il eſt d'autant plus preſſant de prendre un parti déciſif ſur la ſituation où ſe trouve la République, en mettant des bornes à la malveillance, que le peuple ouvrier ou rentier ne peut plus exiſter : ſes malheurs ſont à leur comble. Le manœuvre reçoit dans les atteliers de la République, le pain & la viande: c'eſt un adouciſſement à ſes maux ; mais il ne reçoit que 9 ou 15 francs en aſſignats. Peut-il, avec ce foible prix de ſa journée, pourvoir à ſes entretiens, qui ſont augmentés de 199 pour 1. Qu'eſt-ce que 15 l. en aſſignats ? C'eſt environ 18 deniers. Que peut-il avoir avec cette ſomme ? Il ne peut pas s'entretenir de ſabots. Il a une livre & demie de pain qui vaut 40 liv. & une demi-livre de viande qui vaut 20 l. 15 en aſſignats, cela fait 75 liv. en viande & en pain ; celui qui ne reçoit point de vi-

vres eſt payé à 80 francs ; il n'a donc
que 8 ſols par jour , lorſqu'il devroit en avoir
30. Il n'a donc pas de quoi ſubſiſter ; il faut
qu'il vende ſes effets , & peut-être n'en a-t-il
plus à vendre. Si le mode propoſé exiſtoit, &
que la progreſſion du prix de la journée du
travail ſuivît celle du bled. Alors il faudroit
que le manœuvre reçût dix fois la valeur de la
livre de pain ; aujourd'hui à 40 l. , peut-être
demain à 45 l.; ainſi il recevroit 400 , 450 liv.;
c'eſt le ſeul moyen d'arrêter la malveillance
qui s'attache à vouloir déſeſpérer les hommes
de la claſſe indigente , en annonçant que le
pain coûtera ſous peu de jours 60 l. la livre;
ſous ce rapport, il faut que l'ouvrier reçoive
600 l. Pourquoi pas ? puiſqu'un verre à boire
qui ſe vendoit 2 ſols , ſe vend aujourd'hui
100 l. Il en eſt à peu près de même de tout. Si
le Gouvernement ne fixe pas le prix du pain ,
il faut qu'il fixe le prix des journées d'ouvriers
ſur le prix du bled , & la majorité ſera plus
heureuſe & la marche du Gouvernement plus
aſſurée. La Convention a commencé à prendre pour baſe ce mode , lorſqu'elle a décrété
tant de myriagrammes pour les membres ,

rant du Directoire-exécutif que de la Législa-
ture & des Administrations. Cette mesure
très-sage étoit moins nécessaire que celle qui
concerne l'existence de la classe la moins aisée :
elle devroit être générale, d'après un tarif qu'il
ne seroit pas difficile de faire pour toutes les
classes, si on veut fortement cet ordre de
choses. On en trouvera un par apperçu à
la fin de ce Mémoire.

Il reste encore à mettre sous les yeux du
Gouvernement un objet très-important, qui,
considéré sous deux rapports, (l'un comme
devant donner un produit considérable, l'autre comme devant faire connoître les productions territoriales en grains dans chaque
Département) donnera naturellement la solu-
tion du problême, si la France produit assez
de grains pour la subsistance de sa population.

L'Auteur est pour l'affirmative : lorsqu'il
considere qu'avant le système des Financiers,
qui obtinrent le bail de l'approvisionnement
de Paris, le pain étoit à un sol la livre, & la
main-d'œuvre à si bas prix, que les Manufac-
tures de France avoient, dans les échanges

commerciales, la prépondérance fur celles de l'Angleterre, à raifon de la population : l'Angleterre, ayant moins de bras, eut recours aux mécaniques ; & la main-d'œuvre diminuant par cette induftrie, elle put donner à meilleur compte fes filatures & fa fabrication.

Depuis que le commerce des grains les a fait augmenter, la main-d'œuvre a augmenté auffi : de-là, plus de prépondérance dans les échanges, & moins de débit à l'étranger. On ne peut accufer l'agriculture ; elle ne cultive pas moins de terre qu'elle n'en cultivoit fous Sully & Colbert.

L'objet dont il s'agit, c'eft la dîme : la dîme a été impofée pour payer les frais du culte. Pourquoi n'a-t-elle point été confervée pour payer les défenfeurs de la patrie ? Ils font bien plus utiles que des Prêtres dans une République. La dîme appartient à la Nation ; les terres étoient vendues avec cette charge ; elle étoient louées avec cette charge : donc ni le Propriétaire ni le Cultivateur ne devoient profiter du bénéfice de cette impofition. C'eft fur-tout le Cultivateur qui en a profité, &

qui nous vend aujourd'hui le bled au prix de l'or. Le Gouvernement devroit bien folliciter une Loi pour rétablir la dîme au profit de la République; il s'affureroit un revenu immenfe en nature, ce qui le difpenferoit d'acheter les fubfiftances de l'armée en grains & en fourrages; il en réfulteroit une grande économie des fonds de la République : c'eft le moment de prendre cette mefure, pour profiter de la récolte prochaine.

Si on demande des magafins, ils font tout conftruits dans les différentes Communes; les Eglifes font affez nombreufes & affez grandes pour contenir non-feulement les dîmes, mais encore pour faire des magafins d'abondance. L'exploitation s'en feroit par une adjudication au rabais.

Au moyen de la dîme perçue à la 10e botte de bled, feigle, orge, avoine, foin, luferne, treffle, pois, vefce, feveroles, &c. on auroit une connoiffance exacte des productions, non-feulement du territoire par département, mais encore de chaque Cultivateur. L'Auteur n'entrera point dans le détail des moyens d'exécution, qui demande des mefu-

res simples & peu dispendieuses; il se con-
tente de mettre sous les yeux du Gouvernement des ressources & des idées dont il est
aisé de tirer le plus grand avantage, si l'on
confie à des hommes probes & désintéressés
le soin des établissements nécessaires à ces di-
vers objets. Si le Gouvernement accueille favorablement ce Mémoire, l'Auteur, alors,
se fera un plaisir, même un devoir, de détail-
ler les moyens d'exécution.

L'auteur n'a pas le temps de s'étendre sur
les avantages qui peuvent résulter de son
plan; il renvoie ses lecteurs au discours
prononcé, le 12 frimaire, par Lafond-
Ladébat; ce discours est plein de grandes
vérités; mais l'application à une banque par
action n'offrira peut-être de bénéfices réels
que pour les actionnaires.

Ce projet de banque reporte la nation au
sistême des finances de l'ancien régime. Une
grande nation aussi riche par l'étendue de son
sol, de ses productions & de l'industrie de
plus de 25 millions d'habitants, a-t-elle
besoin du crédit de quelques particuliers? Ce

fistême pouvoit convenir à un état monar-
chique, pour enrichir des ministres qui ven-
doient les revenus de l'état à des Financiers,
qu'ils faisoient passer pour en être les soutiens.
Un mauvais plaisant les a comparés à une
potence qui soutient un pendu , jusqu'à ce
qu'il soit étranglé.

Le bout d'oreille des Financiers & des Banquiers vient de se montrer dans le Conseil
des Anciens, où un orateur a proposé le
rétablissement des entrées. Voilà les hommes
riches qui se coalisent ; c'est cette espece
d'hommes qui machineront contre les mesures
qui ne leur offriront rien à gagner. Ils com-
battront les principes de ce mémoire, pour
faire croire que la nation est pauvre & ruinée,
qu'elle a besoin du crédit de quelques individus
pour sortir de la crise que lui ont fait éprouver
les Banquiers , les Financiers & les Agioteurs,
tandis que la République , n'étant autre chose
que la masse réunie des biens & de l'industrie
des individus, doit donner seule du crédit aux
particuliers par des moyens tels que ceux
présentés dans ce mémoire.

Sous ce point de vue, il faut que la banque
soit nationale & que les bénéfices qui doivent

en réfulter foient à fon profit; mais c'eft le
régime de fon établiffement qui doit produire
cet effet.

*Fait à Rouen le premier Pluviofe , l'an 4
de la République Française , une & indivifible.*

P. S. Du 15 Pluviofe.

L'emprunt forcé eft fans doute un des moyens
qui devoit produire le plus grand avantage
à la République , fur-tout s'il avoit eu pour
bafe le mode propofé par le directoire-exécutif. Il demandoit que cet emprunt fût impofé
à tant pour cent de la fortune préféré de
chaque individu. Cette propofition a été
rejettée, parce que l'on a craint qu'elle ne
prêtât trop à l'arbitraire. On a préfumé le
claffement, & on a fixé le *Maximum* d'impofition à fix cents mille livres ; mais ce que
l'on craignoit eft arrivé : des particuliers très-
riches, & anciennement riches, n'ont été impofés
qu'à 30 mille livres (c'eft une dérifion) ; &
des particuliers qui n'ont rien , des employés
qui n'ont pour fubfifter d'autre induftrie que
leur emploi, ont été impofés à 600 , à 400 ,
à 120 mille livres.

Peu d'Agioteurs, peu d'Entrepreneurs ou Fournisseurs, qui ont fait avec la République des fortunes immenses, ont payé le Maximum; comme par exemple, un Entrepreneur des chevaux des transports militaires dans le département de la Seine-Inférieure, qui, il y à 18 mois, n'avoit pour toute fortune que ses appointements, & qui aujourd'hui possede, suivant l'opinion publique, en biens-fonds, en marchandises, y compris les fonds de son entreprise en chevaux, voitures & harnois, environ deux ou trois cents millions, peut-être davantage, n'a été imposé qu'au Maximum de six cents mille livres. Ainsi ce particulier & ses pareils ne sont point atteints par cette mesure : or si l'on eût décrété l'emprunt forcé comme le proposoit le Directoire-exécutif à tant du $\frac{o}{o}$; par exemple à 20, & que l'on eût estimé la fortune de l'entrepreneur précité, seulement au tiers, il auroit payé vingt millions; l'impôt auroit alors porté davantage sur les riches; il n'a porté que sur les moins aisés : son objet est manqué comme on va le démontrer.

Les petits marchands, boutiquiers & autres patentés,

patentés , présumés avoir fait beaucoup
d'affaires, ont été imposés arbitrairement à
six cents mille livres ; d'autres d'une même
fortune, au-dessous : cette claffe de marchands a été obligée de vendre de fes fonds
de magafin, ce qui a fait diminuer un peu
quelques articles. Qui a acheté les marchandifes ? Ceux auxquels, après avoir payé
les (a) fix cents mille livres , il eft encore
refté des millions en porte-feuille, & auxquels

(a) Quand je dis 600,000 livres, je parle dans
la fuppofition que, fuivant le vœu de la loi, on a
imposé les gros capitaliftes comme ils devoient
l'être ; mais tout le monde fait que ce font ceux
qu'on a épargnés. Il réfulte deux injuftices criantes
de l'inégalité de la répartition de l'emprunt forcé.
La premiere, c'eft que le millionnaire conferve
dans fon porte-feuille une fur-abondance d'affignats
qu'il auroit dû verfer chez les Percepteurs ; & la
feconde, c'eft qu'avec les affignats qu'il ne devroit
plus poffféder , il profite de la néceffité où les
citoyens moins aifés font de vendre pour acquitter
leur quote-part d'impofition , & acheter à non-
valeur leurs marchandifes. Voilà en deux mots
l'odieux de l'inégalité de la répartition de l'emprunt
forcé dans tout fon jour.

C

il refte affez d'affignats pour dire qu'ils vont
les faire relier. Ceux-là gardent les marchandifes qu'ils ont accaparées, & attendent les
marchands. Au moment du paiement de
l'emprunt forcé les marchandifes ont baiffé ;
ce moment paffé elles ont remonté, & peut-
être elles vont devenir plus cheres qu'elles ne
l'ont été. On doit s'attendre à cette fluctuation,
jufqu'à ce que le Corps Légiflatif ait adopté
un plan d'impofition fondé fur les grands
principes , & qui ne tienne en rien au fyftême
de l'ancien régime, lequel ne portoit que fur
la maffe des hommes induftrieux & laborieux,
tandis qu'il ménageoit les riches & la capitaliftes.

Si la légiflature adoptoit les principes
énoncés dans ce mémoire, il en réfulteroit
la néceffité d'établir un tableau proportionnel
& relatif aux différents ouvriers fuivant leur
mérite & leur intelligence ; de même que
pour payer les différentes tranfaction, qui,
au lieu d'être ftipulées en argent, le feroient
en valeur de tant de livres de bled. Ce
mode de tranfiger n'eft pas nouveau ; il a
exifté avant qu'il y eût de l'argent monnoyé,

lequel n'a été inventé que pour faciliter les paiements des tranfactions.

Quand l'argent étoit rare, comme , par exemple, fous Charlemagne, où vingt fols de ce tems , valoient foixante-huit livres de notre monnoie actuelle , la livre de bled valoit un denier , & le denier deux fols de notre monnoie; l'ouvrier étoit payé à dix deniers par jour : il gagnoit donc vingt fols de notre monnoie, ou dix livres de bled à deux fols la livre , valeur métallique d'aujour-d'hui : donc dans tous les tems l'ouvrier-manœuvre a eu pour bafe du prix de fa journée , la valeur de dix livres de bled.

Dans les départemens où la culture du bled fait le principal revenu, le prix du bled do.t être moindre que dans ceux où il n'en croît point. Les tranfports doivent en faire la différence : donc le bled doit être plus cher dans les villes de grande population. Par exemple, dans la ci-devant Guyenne ou dans les départemens qui la divifent, la principale culture eft en vignobles ; auffi Bourdeaux a-t-il toujours payé le pain cinq ſols la livre , & le prix dès journées de l'ouvrier-manœuvre étoit de cinquante ſols, lorſque dans les autres Provinces il étoit de dix & vingt ſols.

Pàris a toujours été traité plus favorablement que les Provinces. Le prix du pain y étoit fixé à deux, trois ou quatre ſols au plus , quoique les Provinces le payaſſent plus cher. Cette ville d'une population immenſe étoit chargée de très-groſſes impoſitions ſur les vins & autres denrées , & le Gouvernement, craignant la claſſe du peuple la moins aiſée , & attentif à ne point la chagriner , faiſoit des ſacrifices pour ſa tranquillité.

Les rentiers & les employés à traitement fixe ſont les plus vexés par le malheur des circonſtances. Il conviendroit donc, pour qu'ils puiſſent exiſter, de fixer leurs paiemens ſur cette baſe calculée à raiſon de deux ſols la livre de bled. Ainſi pour vingt ſols de rente il conviendroit de leur faire payer la valeur de dix livres de bled. Toutes les ventes de biens nationaux devroient être ſtipulées en

livres de bled fur la valeur de 1790 ; car le
Gouvernement ne peut fe faire illufion en
donnant à fes employés l'affignat pour fa valeur
nominale, tandis que le Gouvernement lui-
même ne le reçoit qu'à deux cents & deux
cents trente capitaux pour un.

Dans une des féances de la Convention,
un Député (Dubois de Crancé) propofa à-
peu-près des bafes femblables, pour fixer la
journée de l'ouvrier ; cette propofition ne
ne fut ni fuivie ni difcutée, on ne fait pourquoi. Elle méritoit bien cependant de l'être,
& fûrement elle fera reprife par le même
Député, ou par quelqu'autre qui en fentira
tout l'avantage.

En conséquence de ce qui a été dit dans le cours de ce mémoire, on va faire une esquise du tableau des différentes Classes des personnes qui sont obligées de travailler pour vivre, & de ce qu'ils doivent avoir par jour.

		liv. de bled.
Gérants des travaux & Administrateurs. . . .	Iere. Classe.	140
	IIe. Classe.	120
Commis de Bureaux. . .	Chefs de Bureaux.	100
	Ier. Commis & Secrétaires. .	80
	Caissiers.	70
	Iere. Classe, Commis.	60
	IIe. Classe.	50
	IIIe. Classe.	40
	IVe. Classe.	30
Dessinateurs & Hommes à talent.	Iere. Classe, Compositeurs & Chefs.	100
	IIe. Classe.	80
	IIIe. Classe.	60
	IVe. Classe, Dessinateurs Copistes.	40
Surveillans.	Iere. Classe.	60
	IIe. Classe.	50
Chefs d'atteliers & piqueurs.	Iere. Classe.	40
	IIe. Classe.	35
	IIIe. Classe.	30
Ouvriers de différentes especes de travaux d'arts & métiers. . .	Iere. Classe, Ouvriers à talent.	25
	IIe. Classe *idem*.	20
	IIIe. Classe, obligée de se fournir d'outils.	18
	IVe. Classe, un peu instruite. .	16
	Ve. Classe, la moins instruite.	15
Manœuvres.	À vingt ans.	10
	De vingt à dix-sept ans. . . .	8 $\frac{1}{2}$
	De dix-sept à treize.	7
	De treize à dix.	5 $\frac{1}{2}$

Les femmes, cette portion fi précieufe à la fociété, ne doivent point être oubliées ; elles font encore plus mal payées que l'ouvrier ; il femble par-là qu'on veuille les forcer à proftituer leurs charmes pour fe procurer le furplus des befoins que le foible prix de leur journées ne leur permet pas d'obtenir pour leur fubfiftance. Si on veut que ce fexe ait des mœurs , il faut qu'il ait des moyens de fubfifter , car il n'eft pas plus exempt de befoins que l'homme. On ne peut confidérer les femmes que fous le raport des ouvrages de l'éguille , fous les dénominations de couturieres & lingeres , & affimiler leurs journées à celles de la claffe des ouvriers de différentes efpeces de travaux d'arts & métiers , & les jeunes filles comme celles des manœuvres , jufqu'à dix-huit ans , terme où leur apprentiffage eft fini.

Nota. Si ce Mémoire n'a point paru plutôt, la faute n'en peut être attribuée qu'au manque inattendu d'ouvriers preſſiers dans l'imprimerie où cet ouvrage étoit commencé ; car le mémoire eſt à l'impreſſion depuis le commencement de pluvioſe ; il eût probablement été à déſirer qu'il n'eût point éprouvé ce retard, & qu'il eût paru au moment où l'aſſemblée a diſcuté l'objet pour lequel il eſt fait. Quelqu'orateur eût peut-être développé avec plus d'étendue les principes de ce mémoire. C'étoit l'intention de l'auteur ; & il eût été indemniſé du ſacrifice qu'il fait par le bien qu'il auroit pu produire.

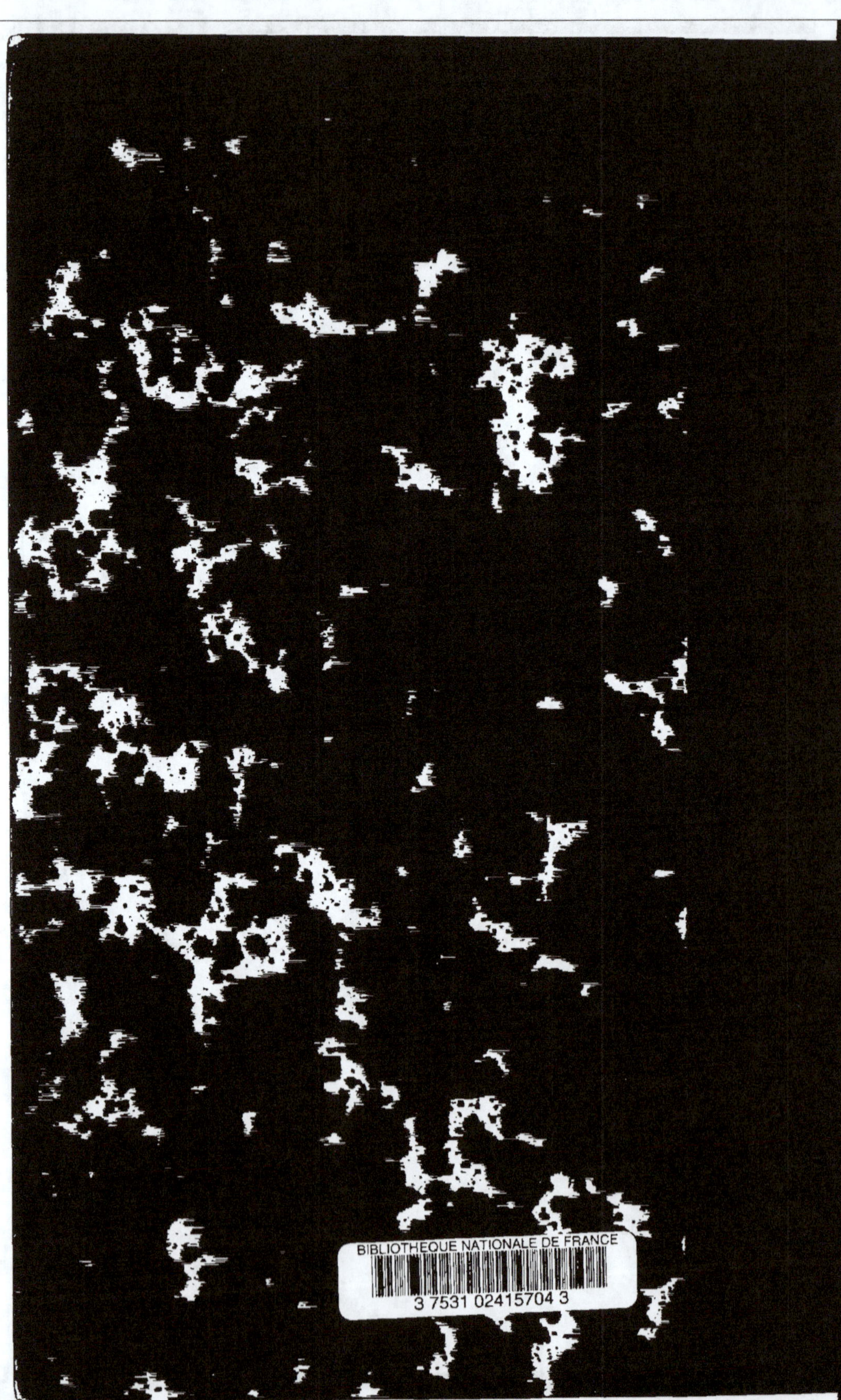